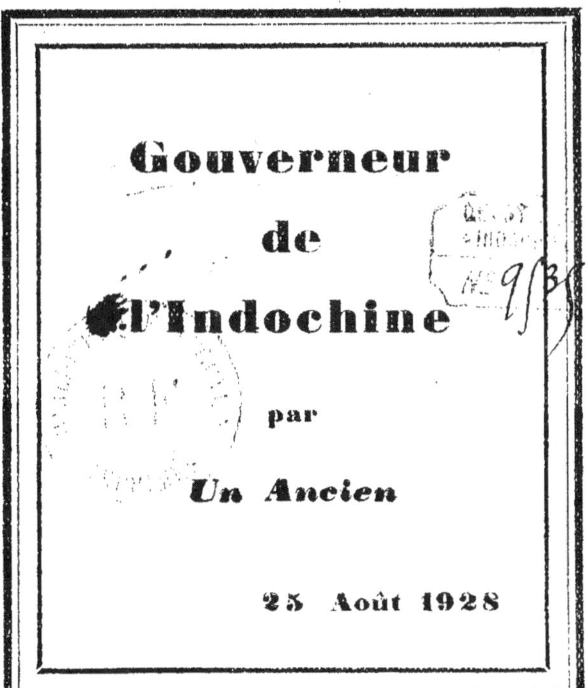

Gouverneur de l'Indochine

par

Un Ancien

25 Août 1928

Gouverneur
de
l'Indochine

par

Un Ancien

25 Août 1928

PRÉFACE

*L*A nef française de l'Exotisme extrême
tourne un cap, et cette fois, — après tant
d'autres fois, — c'est bien le cap « of
Good Hope ». — Les vétérans (experto crede
Roberto) sentent mieux cela que les nouveaux-
venus et les « Après-Guerre ». Alors il est bon,
opportun d'affirmer cet espoir sans le dire,
simplement en reproclamant des vérités fon-
damentales, chiffonnées depuis quelque temps.
Et s'il se trouve que cette petite méditation,
saluant l'aurore d'une heureuse phase de
notre histoire indochinoise, constitue un hom-
mage tacite au Chef digne de sa fonction,
tant mieux, et que chacun en prononce avec
confiance le nom, de « Pasques fleuries », qui
n'est pas dans ce texte, par moments un peu....
pamphlétant.

Nos amitiés, nos dévoûments, nos respects
ont (hélas !) leurs contre-parties de haines,
de colères, et de réprobations.

C'est la vie sincère !

GOUVERNEUR DE L'INDOCHINE

NOUS le savons bien sans doute, mais la Chine le démontre mieux chaque jour, *l'Ordre* est l'élément social essentiel. Tout en découle, à commencer par la *Sécurité*, qui seule permet tous les progrès.

Or, c'est *l'Autorité* qui produit l'Ordre, l'Autorité appuyée sur la *Force* effective, matérielle (comprise et respectée des brutes), mais aussi et surtout sur la Force *Morale*, rayonnante, (culte de tous ceux qui savent comprendre, et c'est la majorité).

La Force Morale résulte de la *Confiance*, de la sympathie, de l'estime, que mérite un Chef auquel appartient l'impulsion d'ensemble — Elle descend de lui, mais elle y remonte aussi de toutes parts. — (Quelque chose, je pense, comme l'échelle de la vision de Jacob.)

Cependant ce gain moral, inappréciable, de la confiance, ne s'obtient pas avec des prospectus, ni par un épandage de promesses telles qu'électorales. Les indigènes eux-mêmes sont blasés là-dessus.

Et là apparaît justement l'inaptitude d'un simple politicien devant le grand rôle indochinois. Il n'y a plus

que lui, et encore au débarqué, pour s'en croire digne
et capable.

Même lorsqu'il a fait ses preuves en France, dans
le Gouvernement, l'essence de son savoir-faire reste
soumise à des changements, à des variations, à des
combin... azione, qu'on n'a même pas le moyen de lui
reprocher, puisque la politique, — qui n'est pas la
morale, — n'est que continuelles manœuvres et
adaptations, capitulations et compromissions, sous le
régime démocratique et parlementaire. — Poincaré en
est pour le moment le plus notoire, et le plus triste,
exemple. — Sans cesse, nous le voyons, comme Nau-
sicaa « ad salices », — « fugere ad majoritatem. » Et
qui le lui reprocherait, — sans pardon ni excuses possibles, serait le premier sans doute, à sa place, con-
damné aux mêmes défaillances et contradictions, — à
moins de se mettre Dictateur, — ce qui n'est pas accordé
à tout le monde... Car il faut, pour être despote efficace,
des vices et des qualités rares.

L'homme équilibré s'abstient, — parce que « in medio
stat virtus » — (Et ne pensons pas à l'Ane de Buridan !)
—. Admettons plutôt la petite jolie légende d'Hercule,
qui, précisément, sut choisir le rôle de bienfaiteur du
monde, — comme Krichna, — comme Bouddha, —
comme Jeanne d'Arc, etc.., Et nous pouvons ajouter
Don Quichotte ! — Tels mérites se payent toujours
très cher. — C'est une loi de la Providence.

Le Gouvernement de l'Indochine est plus que jamais

une chose positive et non de rêve, — une occasion de don de soi et non de don pour soi. Les théories toutes faites, surtout inspirées de Rousseau, ne suffisent pas à tel rôle. — (Blagologie !) Pas de musique devant la Baraque, — laquelle, (on ne le proclamera jamais trop), n'est pas un « Bureau de Tabac » compensateur, ou pour camarade, — (« Chacun à son tour de bête ! »)

Au surplus, l'impulsion gouvernementale ne peut, chez nous, venir de France, même si le Ministre des Colonies avait connu le pays antérieurement (Doumergue, Albert Sarraut) — L'exercice du pouvoir, qui est en somme une bienfaisance consciente, exige une mise au point continuelle, sur place, avec une connaissance profonde, bien à jour, des milieux et de l'ambiance, dont l'évolution est commencée, va même trop vite, reste à diriger sans défaillance, — autrement qu'avec des phrases en clichés. Pas de psychologues de mirlitons et de cabarets !

La base de tout (qu'en reste-t-il en France ?) c'est la *Hiérarchie*, le « Chacun à sa place », — principes séculairement asiatiques, et qu'on doit avant tout sauvegarder, puisque nous avons la chance incomparable de les trouver ici, fixés déjà, de par la famille et de par les rites.

Telle situation morale, ethnique, signifie *l'Elite* à sa place, en avant, — l'appel aux mérites réels, — l'Etat-Sélection, les devoirs pour les uns (les Administrateurs), les bienfaits de la sollicitude pour tous les autres (les administrés). Si vous êtes « n'importe qui », — inconscient et prêt à faire « n'importe quoi », pouvez-vous croire que tout le monde ne s'en apercevra pas tout de suite? Les souverains et les comparaisons de 50 années, et de plus de quarante gouverneurs, dominent et éclairent tout débarquement, toute prise de pouvoir. Les naïfs ne sont plus de ce côté de l'eau !

Le chef suprême doit être, et vite, sinon tout de suite aimé davantage que craint, --- comme la Divinité. — Tel état des âmes suppose la foi dans sa capacité de justice et de bonté, — dans sa compétence loyale, et pour ainsi dire universelle, automatique, des choses d'Asie — Semblable expérience chez un homme, en éveil toujours, ne s'improvise pas.--- Sa nécessité exclut, à priori, les amateurs, que l'appétit pousse davantage que la vocation. Même de bonne foi, les gouverneurs venus de France en novices, — et j'entends là les meilleurs, les mieux doués, — ont à faire un apprentissage qui ne peut être que faussé, manqué, de par les conditions mêmes où ils se trouvent placés dès leur arrivée, — quand encore ils n'ont pas auprès d'eux (nous l'avons possédé longtemps) le Traître attentif qui veut les faire glisser à son profit personnel. Neuf fois sur dix nos improvisés imperfectibles (à leur âge !) sont la Dérision de l'autorité, le Discrédit jeté sur le caractère français, le Chagrin des sincères et dignes Colons, la Stupéfaction (et leurs femmes y aident parfois) des indigènes les plus respectables. Faut-il leur pardonner, parce qu'ils ne savent ce qu'ils font? Cela s'est dit sur le Golgotha, — et nous sommes des hommes, devant une grande tâche humaine collec-

tive. Et nous sommes solidaires. — « Delicta majorum
(des chefs) emmériti luemus ». — Nous les payons déjà
tous les jours ces fautes-là, pendant que leurs auteurs,
périmés, prescrits, absous, se gonflent d'aise en France,
sans aucun remords, et « font château » sous drapeau
démagogique, avec leurs « économies »,

. Nous avons vu des Gouverneurs n'ayant même pas le
sentiment (jalousie petite) de se faire seconder par des
experts de la chose coloniale indochinoise. Leurs collaborateurs, débutants comme eux-mêmes, étaient dans
leurs bagages, et n'avaient que l'outrecuidance pour
donner de la fermeté à leurs procédés administratifs!

Des lieutenants, les collaborateurs; — mais les trois
quarts de la valeur réalisatrice d'un chef! Aussi savoir
les choisir, les soutenir, les mettre en expansion valable,
n'est-ce pas déjà connaître hautement et intimement
(mieux que dans le plan horizontal, M. Merlin ! dans le
plan du cœur, dirait, je pense Saint Paul !) toutes les
questions, tous les devoirs, dont on leur confie le soin,
par procuration, — mais en leur réservant le mérite
propre. Quel stimulant !

Devoirs ! c'est le grand mot qui vivifie tout ! Devoirs
partout, droits nulle part, pas plus de « l'homme » (oh !
Révolution !) que de la femme (oh ! Petites sœurs des
pauvres !) Et nous voilà revenus, comme à l'habitude, à
la formule (mais une formule, il n'en faut pas, n'est-ce
pas, M. Varenne ?), à la formule, dis-je, qu'un Gouvernement exotique, c'est un *Apostolat*, dont Rousseau, ni

Karl Marx, ni Moscou, ni M. Blum (vieille famille française !) n'ont dicté les dogmes.

Aussi un moment triste, inoubliable, fut celui où, — dédaignant de crier « vive la France », ou même simplement de se taire respectueusement, — nos protégés à méninges pettées (à qui la faute ?) ont clamé, sans le connaître autrement que par son étiquette fallacieuse de parti (parti qui le reniait d'ailleurs) « Vive Monsieur le Socialiste ! », à l'arrivée du proconsul Varenne . . . (Bu.. qui s'avance — Offenbach !)

Au fait, on ne crie pas, — on se tait et se recueille, — quand le médecin entre dans la chambre du malade, — quand le prêtre monte à l'autel, — quand le prédicateur, ou le maître de pensée, vont posément, noblement, chercher les moyens de votre meilleur bien . . . Il n'y a que les Cirques qui arrivent en musique, grosses caisses tonnantes, et les clowns sur le devant de la voiture !

Ah ! la simplicité ! — distinction suprême des gestes et des sentiments. — marque première des supériorités sans bluff ! . . La simplicité que vous ignorâtes si bien, M. Long, produit suspect et surfait, indéfinissable, de la démocratouille d'avant-guerre.

Et que voulez-vous que pensent, même de simples annamites ou cambodgiens (chez lesquels la distinction est naturelle et rituelle), lorsqu'ils voient devant eux un Gouverneur (et parfois sa femme) à façons de parvenus, de nouveaux riches, alors qu'il faudrait pour le moins, quant à la tenue, ce que nous appelons des « gens du monde. » (Ah ! qu'ai-je fait de ma zibeline ? — Faites avancer ma Rolls Royce !)

« Incessu patuit princeps ! » — A cet égard M. Paul Beau garde la palme depuis 40 ans (M. Armand Rousseau, et M. Roume étant ses émules). Jamais plus belle et plus adéquate prestance n'a tenu longtemps le poste, — sans parler des qualités sérieuses réalisantes, (encore trop méconnues, car il allait sans réclame), qui le laissent, à travers six années, fait unique, le meilleur et principal des ouvriers de la cause franco-indigène... Il avait la *compétence* exacte, mot qui résume le vœu des administrés, en y comprenant, bien entendu, les qualités du cœur. — Car un apôtre est compétent. C'est même sa prévoyance, sa prévision des choses, qui guident son action, sa persévérance, et qui font son succès.

□ □ □

— De quoi s'agit-il ?

— Oui, Monsieur le Maréchal Foch, il s'agit de rendre plus heureux, dans la conscience claire de lui-même, un grand complexe pays, dont le caractère, les aptitudes, les besoins les conditions de vie, sont bien connus de quelques expects consciencieux, désintéressés parmi les Français précurseurs...

— Que l'on mette donc Chef un de ceux-là...

— Comme on vous a mis Généralissime, mais avec

quel retard !... Ah ! Monsieur le Maréchal, comme vous voyez droitement, sainement, les choses !

— Non ! ne me faites pas naïf ! Je sens ce que c'est, votre question de Gouvernement....

Mais on doit savoir compter avec le tortueux des circonstances, et en triompher... Il y a bien des gaz asphyxiants...!

— Alors le plus honnête, le plus capable des hommes doit savoir manœuvrer...

— Manœuvrer ! parfaitement ! comme à la guerre,—et c'est tout le secret de la victoire ! Il n'y a de condamnable que l'inertie, l'ignorance du coup qu'il faut jouer, immédiatement, sans un instant de retard... L'homme qui dit « Je ne sais pas », on le met gardien d'écurie....., et c'est encore trop bon pour lui.

— Et il faut conclure : Le rôle d'un Gouverneur en Indochine, c'est,—en plus d'un tact extrême, — une « *Stratégie* ».

▢ ▢ ▢

Soyez fin jusque dans votre franchise, — réticent jusque dans vos abandons, — sceptique même dans votre foi, — conscient des impulsions et des répercussions, — émérite psychologue ; — soigneux administrateur des dévoûments comme des appétits, — des vigueurs comme des faiblesses, — captateur autant

qu'économe des forces variées, contradictoires parfois,
du pays, — Français avec les asiatiques, Asiatique
avec les Français, — Bi-frons, Bi-mens, et Bi-cor, et
cela naturellement, sans hypocrisie, — Médaille sa-
crée, fétiche, d'un double amalgame, — maître de vous
toujours, pour rester maître des autres, — sans faibles-
se physique, sans fatigue, et sans défaillance, — vi-
vant sur votre acquis de philosophie puisque l'étude et
les lectures personnelles ne vous sont plus possibles, —
croyant en votre Tâche sublime, et qui sans cesse vous
tire-en-haut, — confiant en des collaborateurs bien
choisis, des amis pour vous, — digne de l'attachement
dévoué et de pleine estime de tous les « Meilleurs », —
laborieux sans agitation ni trépidation, agissant plus
que discourant (acta non verba !), — réalisant plutôt
que bonimentant (... mentant !) et promettant, — aussi
peu électoral et parlementaire que possible, — oublieux
de vous-même, fanatique des résultats poursuivis, —
susceptible de contredire et de démolir les ordres intem-
pestifs venus de France, — fier seulement de vos Responsabilités, — responsabilités bravement affrontées, et
qui sont l'essence même du respect que l'on a pour vous.

Tout cela réuni, met devant nous, Coloniaux tant de
fois déçus, le Gouverneur qui convient, et que sou-
tiendront, dans ses vouloirs magnanimes, toutes les
volontés saines (blanches et jaunes) de par ici, — en
plus de celles métropolitaines, vite persuadées devant
l'évidence des résultats obtenus et rendus possibles.

Et puis (n'oublions pas de le dire !) un vrai Gouverneur ne s'abat pas comme un fantoche. Il peut durer, — comme Paul Beau, comme Lyautey, — dans la pleine Sérénité de son rôle dominant tout.

Et sans la *Durée*, — rien au monde ne s'obtient de *bon* et de *durable*. Le temps est un facteur nécessaire. La promptitude du défilé des chefs est autant leur condamnation que celle du Gouvernement de France qui a laissé s'égarer son choix. (Et ne comptons pas telles erreurs !)

Une *valeur morale* est indispensable. — Pigneau de Béhaine en est le premier démonstrateur français. — Un Talleyrand par ici ne ferait pas du tout l'affaire (d'ailleurs il ne s'expatrierait pas). Le Roublard est le dernier modèle à nous fournir. (Nous en avons vu).

Compétence, conscience, sincérité !

« The right place is for the right man ! » Quelle formule (ô monsieur Varenne !)

Enfin, de *l'Initiative* partout, à commencer par le chef, — et chacun dans l'étendue de sa sphère d'action.

La peur d'une *responsabilité* devient (quel changement !) la tare majeure d'un mandataire des devoirs sociaux (cela signifie fonctionnaires et citoyens). Il n'est plus permis d'être lâche et va-comme-on-me pousse. (que d'éliminations !)

□ □ □

J'ai souvent réfléchi, — jusqu'à la condensation, — et devant des « Sujets » bien divers, — aux qualités du Gouverneur que réclame, et que mérite, l'Indochine : ce n'est pas un débris de préfecture ou de la politique, — encore moins quelque fonctionnaire encrouté de routines, et auquel le mot « bourrique » s'appliquerait normalement, en cocarde. Il faut un cerveau complet, mûr, alerte, et posé, une intelligence épanouie, rayonnante, — d'un seul mot (j'y suis !) un *Animateur*, payant constamment d'exemple, et qui, à tous ses fonctionnaires (y compris les autochtones), aux colons aussi, puisse dire, en pleine conscience de l'effort réclamé ; la parole profonde et péremptoire de Foch : « Faites travailler vos méninges ! »

Pour le surplus, — (j'ajoute sans que le Maréchal doive protester), — pour le surplus... « Dieu y pourvoira ! »

Un Ancien

Imprimerie
Extrême- Orient
Hanoi